Le duc de Normandie

Dans la collection Graffiti

1. *Du sang sur le silence*, roman de Louise Lepire
2. *Un cadavre de classe*, roman de Robert Soulières, Prix M. Christie 1998
3. *L'ogre de Barbarie*, contes loufoques et irrévérencieux de Daniel Mativat
4. *Ma vie zigzague*, roman de Pierre Desrochers, finaliste au Prix M. Christie 2000
5. *C'était un 8 août*, roman de Alain M. Bergeron, finaliste du prix Hackmatac 2002
6. *Un cadavre de luxe*, roman de Robert Soulières
7. *Anne et Godefroy*, roman de Jean-Michel Lienhardt, finaliste au Prix M. Christie 2001
8. *On zoo avec le feu*, roman de Michel Lavoie
9. *LLDDZ* , roman de Jacques Lazure, Prix M. Christie 2002
10. *Coeur de glace*, roman de Pierre Boileau, Prix Littéraire Le Droit 2002
11. *Un cadavre stupéfiant*, roman de Robert Soulières
12. *Gigi*, récits de Mélissa Anctil
13. *Le duc de Normandie*, épopée bouffonne de Daniel Mativat

Daniel Mativat

Le duc de Normandie

SOULIÈRES ÉDITEUR

case postale 36563 — 598, rue Victoria,
Saint-Lambert, Québec J4P 3S8

Soulières éditeur remercie le Conseil des Arts du Canada et la SODEC de l'aide accordée à son programme de publication et reconnaît l'aide financière du gouvernement du Canada par l'entremise du Programme d'Aide au Développement de l'Industrie de l'Édition (PADIÉ) pour ses activités d'édition. Soulières éditeur bénéficie également du Programme de crédit d'impôt pour l'édition de livres – Gestion Sodec – du gouvernement du Québec.

Dépôt légal: 2002
Bibliothèque nationale du Canada
Bibliothèque nationale du Québec

Données de catalogage avant publication (Canada)

Mativat, Daniel

Le duc de Normandie
(Collection Grafitti; 13)

Pour les jeunes de 11 ans et plus.

ISBN 2-922225-79-8

I. Titre. II. Collection.

PS8576.A828D82 2002 jC843'.54 C2002-940860-1
PS9576.A828D82 2002
PZ23.M337Du 2002

Illustration de la couverture :
Neal Armstrong

Conception graphique de la couverture :
Annie Pencrec'h

ISBN-2-922225-79-8

58913

Pour ce que le rire
est le propre de l'homme,
vivez joyeux.

Rabelais

I

Un enfant diabolique

Il était une fois un brave duc de Normandie du nom de Richard. Grand défenseur de la veuve et de l'orphelin, Richard avait usé au moins douze chevaux à guerroyer aux frontières de son royaume. Un jour, le brave vieux duc s'aperçut que sa cotte de maille était toute rouillée. De plus, sans l'aide de deux palefreniers pour lui pousser le derrière, il n'arrivait plus à se hisser sur son noble destrier. Découragé, il délaça son heaume et se mira dans l'eau d'une claire fontaine. Ses cheveux étaient tout blancs ; ses yeux, caves ; son front raviné.

Il était devenu vieux.

Abattu, le duc décida alors qu'il était temps de rentrer chez lui où sa femme, la bonne reine Arlette, l'attendait depuis trente ans en brodant une interminable tapisserie. Une tapisserie qui, au fil des ans, était devenue si longue qu'elle couvrait entièrement les murailles des vingt-cinq pièces du château, se déroulant dans l'escalier en colimaçon du donjon, traversant la cour, remontant sur le chemin de ronde et aboutissant dans les écuries après avoir fait un détour par les cuisines.

—Ma mie, dit le vieux duc en ôtant ses chausses de fer et en accrochant sa bonne épée au porte-manteau, je suis trop âgé pour ferrailler et j'ai vécu trop longtemps loin de vous. Il est grand temps que nous nous reposions tous deux au coin du feu. Je vous aiderai à pelotonner votre laine et nous deviserons en nous esbaudissant*.

Arlette lâcha ses mille lieues de broderies au petit point et se jeta dans les bras de son époux qui gémit, tenaillé par ses douleurs rhumatismales.

—Dieu soit loué ! s'écria la reine, j'espérais ce moment depuis moultes années.

* Pour les ignares, ces deux verbes à saveur médiévale signifient : discuter et s'amuser.

Comptez sur moi, mon mari, je vous mignoterai et vous poutounerai* comme il convient.

Mais la reine connaissait bien son Richard et elle vit que quelque chose le turlupinait.

—Qu'y a-t-il mon bon ?

—Eh bien, pour avoir l'âme en paix, il me faudrait un fils. Un héritier qui me succédera et défendra ma terre. Peut-être n'est-il pas trop tard ?

Ayant depuis belle lurette fait une croix sur tout espoir de maternité, Arlette hocha la tête.

Marri** que sa femme pût douter de ses capacités génitrices, Richard se récria :

—Ma mie, sachez que malgré la neige sur la couverture il y a encore un bon feu dans la cheminée !

Arlette sourit avec indulgence.

---

* Deux autres jolis verbes style Moyen Âge qui veulent dire quelque chose comme *caresser* et *cajoler.*

** Ne pas confondre mari, personne mariée, avec marri qui signifie : désolé, contrarié. Ces deux mots n'ont rien à voir l'un avec l'autre. Quoiqu'en y réfléchissant bien…

—Fasse que moi aussi je ne sois pas trop vieille pour enfanter !

Toujours est-il que, le soir même, les deux époux prièrent au pied du lit et se couchèrent de bonne heure.

Hélas, ils eurent beau prier et dormir très peu, le berceau préparé pour le futur petit duc demeura désespérément vide.

Dix ans ils besognèrent, attendant que le miracle se produise enfin. Trois mille six cent cinquante-deux fois, ils échouèrent.

À la fin, las de tant d'efforts, le duc montra le poing au Ciel et lança par défi :

—Seigneur, puisque tu me refuses l'enfant que je désire, c'est au diable que je le demanderai.

Or, à peine eût-il prononcé cette phrase terrible, qu'un formidable coup de tonnerre ébranla le château jusqu'au fond de ses oubliettes. De sombres nuées s'amoncelèrent au-dessus de Rouen* et la foudre décapita deux clochers.

* Pas Rouyn : Rou-en, capitale du duché de Normandie. Voyagez un peu, que diable !

Loin d'être effrayé par cette démonstration du courroux céleste, Richard tira son épée et la brandit en hurlant dans la tempête :

—Lucifer, roi des Enfers, prends mon âme. Elle est à toi, si tu me donnes un enfant... Euh !... un mâle, bien entendu !

À ces mots, il y eut un nouveau roulement de tonnerre et un éblouissant trait de feu. Du duc Richard il ne resta qu'un petit tas de cendres emporté par le vent.

Neuf mois plus tard, sa veuve donna naissance à un garçon qu'on baptisa Robert.

C'était un gros poupon braillard aux cheveux rouges. Il hurla tellement, quand on le plongea dans l'eau de la cuve baptismale, qu'on le surnomma Robert le Diable.

Ce sobriquet lui allait d'ailleurs comme un gantelet car, en vérité, c'était le pire démon que la Normandie ne vit onques*.

* Qu'on ne vit jamais.

Au beau milieu de la messe, le jeune Robert lâchait des rats dans la chapelle. Pendant les banquets, il se promenait à quatre pattes sous les tables, s'amusant à soulever les robes des dames. Les jours de foire, du haut des remparts, il faisait pipi sur la tête des marchands. Enfin, les jours d'exécutions publiques, au pied du gibet, quand les pendus se tortillaient au bout de leur corde, il battait des mains en criant : « Encore ! Encore ! »

La honte.

Sa mère lui reprochait sans cesse :

—Mon fils, vous êtes un franc polisson et vous me causez bien du chagrin.

Robert pleurnichait. S'excusait. Jurait qu'il ne le referait plus. Pourtant le lendemain, il recommençait de plus belle.

L'enfant était également d'une goinfrerie incroyable. Déjà tout bébé, lorsqu'il avait épuisé le sein de sa nourrice, on lui apportait un cor rempli de lait qu'il vidait goulûment. Plus tard, à table, il s'emparait des écuelles des invités et se jetait sur les plats en grognant, disputant même aux chiens les carcasses de poulet qu'on leur avait jetées.

Bref, à l'âge de sept ans, Robert en paraissait quinze et, plus il vieillissait, plus son caractère devenait exécrable.

À cette époque, sa victime préférée était son précepteur, un petit abbé frileux que sa mère et monseigneur l'évêque avaient désigné pour mener à bien son éducation.

Robert était intelligent. Il trouvait cependant bien plus amusant d'asperger les murs d'encre et d'assommer son professeur à coups de Bible que d'apprendre à calligraphier son nom en bas des parchemins ou à réciter par cœur la liste des ducs de Normandie depuis Rollon.

—Vous êtes un paresseux, mon fils. Vous déshonorez le nom que vous portez, se désolait sa mère.

Robert s'excusait derechef. Pleurait un petit coup. Faisait son-petit-garçon-à-sa-maman-chérie-qui-a-de-la-grosse-peipeine, mais continuait à jouer les cancres indécrottables.

D'ailleurs, pourquoi aurait-il fait des efforts ? N'avait-il pas, depuis sa naissance, d'étranges pouvoirs qui le dispensaient d'apprendre comme tous les écoliers du monde ? Ne lui suffisait-il pas de claquer des doigts pour que sa plume se mette à écrire toute seule et fasse ses devoirs pendant qu'il croquait une pomme ? Pourquoi s'échiner à lire des livres ennuyeux quand, d'un simple clignement d'yeux, il pouvait y mettre le feu ou en faire danser les lettres avant qu'elles ne s'envolent par la fenêtre ? Quant à réciter ses prières, rien de plus facile : il n'avait qu'à tourner sa langue six fois dans sa bouche et elles lui venaient toutes seules aux lèvres aussi bien à l'endroit qu'à l'envers.

À la Pentecôte de l'an de grâce 1043, Robert atteignit l'âge de seize ans. L'âge d'être fait chevalier. La veille de ce grand jour, au lieu de se plier à la coutume et de rester en prière à genoux sur les dalles froides de la cathédrale, Robert passa toute la nuit à boire du cidre et à ribauder*, si bien que, pendant toute la cérémonie, il n'arrêta pas d'avoir le hoquet.

Très mécontents, ses oncles, les ducs de Bretagne et d'Anjou, s'approchèrent de lui.

* Faire la fête en mauvaise compagnie.

—Mais ma parole, beau neveu, vous êtes ivre ! Où sont vos éperons d'or ? Comment ? Que dites-vous ? Vous les avez vendus à l'aubergiste contre un dernier pichet !

—Et votre cotte d'armes*, vous l'avez mise à l'envers. Vous avez les léopards** dans le dos ! Un peu de dignité que diable, on vous regarde !

Robert répondit par un pet sonore qui empuantit toute l'église forçant le curé à expédier promptement son sermon, lequel portait précisément sur « le diable, sa pompe et ses œuvres ».

Vint le moment solennel de l'adoubement***. Robert, qui titubait déjà debout, eut toutes les misères du monde à s'agenouiller. Trois fois de suite, il s'affala sur le plancher de marbre. À la troisième fois, il s'y endormit en ronflant. Un plein casque d'eau froide puisée dans le bénitier le réveilla, lui arrachant des jurons

* Chasuble portée par-dessus le heaubert et portant les armoiries du chevalier.

** Symboles de la Normandie.

*** Cérémonie au cours de laquelle on sacre un chevalier d'un coup du plat de l'épée sur les épaules ou d'une bonne claque derrière les oreilles.

qui soufflèrent, d'un coup, tous les cierges allumés dans le saint lieu.

La cérémonie reprit. Son oncle Anjou lui frappa l'épaule du plat de son épée et prononça la formule rituelle :

—Robert, jures-tu de défendre la croix ? Promets-tu de défendre la veuve et l'orphelin ?

—Ouais, ouais ! marmonna Robert d'une voix avinée. Tout ce que vous voulez mon oncle : les manchots, les nabots, les culs-de-jatte, les bigleux, les bancroches, les couilles molles, les moutons à cinq pattes, toute la bande, c'est promis !

Le jour suivant, pour marquer l'événement, un grand tournoi fut organisé sur la place du marché.

Revêtu d'une armure noire et monté sur un cheval assorti, Robert fut le premier à entrer dans la lice en faisant des pieds de nez à tous ses adversaires. À la première charge, sans la moindre difficulté, il culbuta, cul par-dessus tête, le comte d'Elbeuf dont la lance se brisa en mille morceaux.

À la seconde, ce fut le baron de Vire qui, comme une andouille, mordit la poussière et quitta l'arène en courant comme s'il avait le feu aux trousses.

Quant au troisième jouteur, le redoutable connétable de Brisefer, Robert n'eut même pas à l'affronter, car celui-ci, apparemment devenu fou, arracha son casque avant de se jeter à cheval dans la mare la plus proche.

La foule en délire acclama Robert qui, visière relevée, parada devant l'estrade des dames en envoyant à chacune baisers et œillades coquines.

Les trompettes sonnèrent pour annoncer la fin du combat. Le héraut s'apprêtait déjà à proclamer le nom du vainqueur, quand les trois seigneurs vaincus réapparurent, clopin-clopant.

Le comte d'Elbeuf, l'armure toute cabossée, pointa sur Robert un doigt accusateur :

—Il a scié ma lance !

À son tour, porté par deux écuyers, s'avança le baron de Vire, assis dans un baquet d'eau.

—Il a mis des braises dans le panneau arrière de mon armure !

Ce que dit le troisième, on eut d'abord bien de la difficulté à le comprendre. Sa tête était si affreusement enflée qu'il arrivait à peine à remuer les lèvres. On finit par saisir qu'il accusait Robert d'avoir mis un nid de guêpes dans son casque.

—Robert, vous êtes non seulement un vaurien et un paresseux, vous êtes aussi un lâche ! s'indigna sa mère.

Il voulut s'excuser. Il versa même quelques larmes attendrissantes, mais son oncle Bretagne (une toise* de haut, 300 livres) le souleva de terre et le secoua comme un prunier au point où toutes les pièces de son harnois** s'éparpillèrent à trente pieds à la ronde.

—Qu'avez-vous à dire pour votre défense, petit misérable ?

Robert bredouilla :

—Bin... bin... bin... quoi... quoi... quoi... on... on... on… a le droit de ri... ri... ri... goler un peu... peu... peu... le jour de sa fête !

---

* Ancienne mesure : 1,94 mètre.

** Équipement complet d'un homme d'armes.

—Vous êtes indigne d'être un chevalier, ajouta Bretagne en lui bottant le derrière. Rendez-moi votre épée. Gardes, emparez-vous de ce jeune gredin ! Flanquez-le dans un cachot au pain sec et à l'eau !

—Si vous m'attrapez ! lança Robert en sautant sur son cheval et en disparaissant, à bride abattue, sous les huées de la foule.

II

Une vie de chien

ROBERT TROUVA REFUGE DANS LA FORÊT OÙ IL VÉCUT PLUSIEURS ANNÉES EN COMPAGNIE DE BRIGANDS DE TOUTES SORTES : écorcheurs, étripeurs, tire-laine, vide-goussets, coupe-jarrets, friponneaux, drôlesses bien poitrinées, bohémiennes aux yeux de velours, pilleurs de poulaillers, videurs de troncs d'église, croqueurs de petits chaperons rouges et autres gibiers de potence.

Il devint très vite leur chef et vécut, avec un siècle et demi d'avance, comme Robin des bois. Sauf qu'au lieu de voler les riches pour donner aux pauvres, il détroussait les pauvres, ayant coutume de dire : « Les pauvres sont moins riches que les riches, mais ils sont bien plus nombreux. Si bien qu'au bout du compte, ça rapporte plus. » Principe financier qui, plus tard, fut beaucoup copié par nos gouvernements.

Chaque semaine ou presque, la reine entendait ouï-parler des nouveaux exploits de son fils :

—Il nous a dérobé le reliquaire du gros orteil de sainte Gudulle ! se lamentaient les moines de l'abbaye de Saint-Wandrille.

—Il m'a volé l'argent de ma sébile ! se plaignait un mendiant muet.

—Oui, je l'ai vu ! confirmait son compagnon aveugle.

—Et moi, je l'ai entendu se moquer de nous ! renchérissait le dernier qui était sourd.

Une autre fois, c'était une délégation de paysans qui, le bonnet à la main, se présentait au château.

—Oui, dame Arlette, il m'avions volé un chapon.

—Et moi, mon cochon.

—Et moi, ma femme...

—Et moi, les galettes et le petit pot de beurre que je portions à ma mère-grand.

La pauvre reine avait beau dénouer les cordons de son aumonière et distribuer des poignées d'écus pour dédommager les victimes de son fils, la file des plaignants continuait de s'allonger.

Or donc, un jour, la reine décida que c'en était assez. Elle convoqua son chambellan :

—Envoyez à Robert un émissaire, porteur de ce message : « si tu ne reviens pas ici soumis et repentant, tu cesseras d'être mon fils et je te traiterai en étranger. »

Sur-le-champ, un premier cavalier partit à cheval en direction de la forêt. Quelques heures plus tard, le malheureux réapparut à pied, une hache plantée au sommet du crâne et douze flèches fichées dans le dos*.

—Que t'est-il arrivé ? lui demandèrent la reine et le chambellan.

—Les hommes de messire Robert me sont tombés dessus. Je n'ai même pas pu lui parler...

La reine reprit sa plume et rédigea une autre lettre.

Un second messager se mit en route au triple galop. Il en revint au quintu-

* On avait la vie dure à cette époque.

ple, en se tenant le ventre à deux mains.

—Que t'a-t-il fait ? lui demanda la reine.

—Il m'a forcé à manger le parchemin que vous lui envoyâtes.

—Que t'a-t-il dit ? s'enquit le chambellan.

—Il a dit qu'il n'avait pas le temps de vous lire. Qu'il avait trois monastères à piller, une dizaine de hameaux à incendier et la plante des pieds de vingt riches bourgeois à griller.

À la fois furieuse et contrite*, la reine écrivit une dernière missive qu'elle confia à un jeune écuyer. Celui-ci refusa d'abord la mission, mais finit par se laisser convaincre quand le bourreau se présenta avec son énorme tire-bouchon destiné à déboucher les oreilles et sa grande hache à décoller les têtes dures.

Il partit le lendemain, à très petit trot et ne revint jamais.

Alors la reine fit assembler tout son peuple et proclama haut et fort :

* Peinée.

—Désormais, Robert n'est plus notre fils. Il est banni de notre royaume. Nul ne doit plus lui adresser la parole ni lui venir en aide, sous peine de mort très cruelle.

Puis, comme pour donner un tour encore plus dramatique à ses malédictions, elle leva les bras au ciel en s'écriant :

—Dieu me vienne en aide !

Ce que Dieu fit en faisant rouler le tonnerre pour ensuite foudroyer sur place deux commères du premier rang qui, au lieu d'écouter, avaient passé tout leur temps à rire et à papoter.

L'édit royal fut affiché partout. Robert en trouva un exemplaire placardé sur un grand chêne à l'orée de sa forêt. Il l'arracha (l'édit pas le chêne, évidemment), puis se retourna vers ses compagnons :

—Écoutez ça les gars ! Vous allez rigoler...

Surprise. De compagnons, il n'y en avait plus un seul. Envolés !

Il était seul.

—Où êtes-vous ? Revenez ! cria Robert. Si c'est une farce, elle n'est pas drôle.

Seul un hibou lui répondit comme pour se moquer :

—Hou ! Hou ! Hou !

Ébranlé, Robert décida d'aller faire un tour à l'auberge *La Marmite du diable.* Ce coupe-gorge, d'habitude, grouillait de la plus belle racaille. On y buvait en lâchant des rots sonores. On y dansait sur les tables. On s'y assommait à joyeux coups d'escabeaux et on s'y lardait de coups de couteau farceurs.

L'auberge était vide.

Il se rendit au *Tonneau percé.*

Vide également.

Même chose au *Charlemagne Steak House* où un porcelet à la broche rôtissait encore dans la cheminée.

En sortant du village, il rencontra une vieille chargée de fagots. À sa vue, la centenaire se sauva en gesticulant. Cependant, à la vitesse à laquelle ses vieilles jambes lui permettaient de se traîner, Robert n'eut aucun mal à la rattraper en marchant, sans se presser.

Il lui demanda :

—Pourquoi vous sauvez-vous grand-mère ? Je ne vous mangerai pas !

La vieille, le regarda, horrifiée. On aurait dit qu'elle voyait Belzébuth en personne. Elle ouvrit une bouche si grande que toutes les rides de son visage se déplissèrent, lui restituant pour un instant sa peau lisse de jeune fille.

Dix minutes plus tard, elle était toujours comme ça, figée, ses mâchoires remplies de chicots noirs, grandes ouvertes.

Robert la secoua à peine.

Elle était morte.

Par dépit, Robert saccagea un peu deux ou trois fermes, mit le feu aux meules de foin, mais le cœur n'y était plus.

Pendant un mois, il parcourut ainsi la campagne, à la recherche de quelqu'un à qui parler. Tout le monde le fuyait, même les vaches dans les prés. À la fin, las d'être traité comme un lépreux agitant sa crécelle, Robert demanda à voir sa mère.

Le chambellan vint annoncer à dame Arlette la visite de son trublion d'enfant.

—Majesté, votre fils mande la permission de vous parler.

—Quel fils ? demanda la reine, penchée à sa fenêtre, en feignant de ne pas voir Robert qui, tout piteux, attendait dans la neige au milieu de la cour.

—Je suis ici, maman ! implora Robert.

—Je n'ai plus d'enfant ! reprit la reine. J'ai eu un fils. Le diable était son père et le diable me l'a repris.

Les deux mains collées sur les oreilles pour ne pas entendre, Robert hurla :

—Ce n'est pas vrai ! Ce n'est pas vrai ! Mère, ayez pitié de moi !

Les larmes aux yeux, la reine avait déjà fermé sa croisée et tiré les courtines*.

Accablé, Robert s'assit sur la margelle du puits qui se trouvait derrière lui. Il murmura :

—Si vous m'abandonnez, qui voudra encore de moi ?

—Moi, répondit une voix venue des profondeurs de la terre. Une voix qui éclata d'un rire énorme.

Robert se retourna et le vit. C'était le diable en personne sortant du puits, avec sa tête de bouc et ses yeux de braise.

Alors, pour la première fois, Robert éprouva la peur. Une peur si atroce, qu'il se mit à courir. Il courut, courut,

* Rideaux.

courut des jours et des jours, jusqu'à tomber d'épuisement avec, toujours dans la tête, ce rire infernal qui n'arrêtait pas.

Finalement, épuisé, il s'effondra et sombra dans un profond sommeil peuplé d'horribles cauchemars. Il était en enfer et le prince des Ténèbres lui faisait visiter son domaine en lui répétant : « Tu verras, tu seras comme chez toi ! »

Le spectacle était hallucinant. Tout autour de lui, il y avait des chaudronnées de damnés qui bouillonnaient à feu vif, des brochettes de pécheurs que tournaient des diablotins, de gros évêques transformés en méchoui, des femmes nues enfourchées dans des fours en forme de gueules monstrueuses. Il y avait aussi des instruments de torture étranges : des ouvre-boîtes à décerveler, des moulins à viande humaine et un orgue muni de pinces qui utilisait les hurlements des suppliciés comme notes de musique.

Le lendemain, il s'éveilla tout en sueur, en criant :

—Non ! Non ! Seigneur, sauvez-moi des griffes du Démon !

La tête encore remplie des abominations qu'il avait vues en rêve, il lui fallut un bon moment avant qu'il ne réalise où il se trouvait.

Il découvrit alors que la veille, avant de perdre conscience, il s'était arrêté au bord d'une falaise de craie d'une hauteur vertigineuse. Une enjambée de plus, il plongeait dans le vide.

Il regarda autour de lui. Du côté des terres, s'étalaient à perte de vue de verts pâturages au milieu desquels un troupeau de brebis paissait tranquillement sous la garde d'un vieux berger à barbe blanche.

Robert voulut se lever pour aller demander au vieillard où il se trouvait. Il retomba à quatre pattes. Il voulut parler. De sa gueule ne sortit qu'une sorte de jappement plaintif. Que lui arrivait-il ?

À ce moment, le berger, entouré d'une sorte d'auréole de lumière, s'approcha de Robert et pointa sa houlette sur lui.

—Depuis ta naissance, tu t'es conduit comme un chien, tu mèneras donc désormais une vraie vie de chien aussi longtemps que tes fautes ne seront pas réparées.

En d'autres temps, Robert n'eût prêté aucune attention à ce genre d'imprécation. Mais, la voix du vieillard résonnait d'étrange manière. On aurait dit que lorsqu'il parlait, le vent, la mer, la nature entière écoutaient dans un silence religieux.

Une fois passée cette curieuse impression, Robert en vint à la conclusion plus rassurante qu'il devait avoir affaire à un vieux toqué. Il voulut se moquer de l'homme. Les mots se fondirent en une espèce de grognement qui lui attira un coup de houlette dans l'arrière-train.

—Allez ouste, au travail !

Robert eut alors une réaction complètement incompréhensible. Toujours à quatre pattes, il se mit à courir après les moutons.

Rattraper ceux qui s'aventuraient trop près du bord de la falaise, mordre les pattes des béliers récalcitrants, ramener les agneaux perdus à leur mère, houspiller ceux qui flânaient en arrière, il lui fallut au moins une heure pour rassembler le troupeau et le conduire jusqu'à la bergerie.

Le travail accompli, la langue pendante, Robert s'assit sur son derrière, bien décidé à obtenir une explication du mystérieux berger.

Celui-ci se contenta de lui caresser la tête en répétant :

—Bon chien !

Le plus curieux fut que cette simple caresse et ces deux petits mots l'emplirent d'un indicible plaisir qui lui courut le long de l'échine et irradia sous la forme d'une sensation inconnue. L'impression que quelque chose bougeait au bas de son dos. Il se releva et se retourna pour jeter un coup d'œil. C'était une QUEUE ! Une queue poilue qui, bêtement, s'agitait de gauche à droite et de droite à gauche.

IL ÉTAIT DEVENU RÉELLEMENT UN CHIEN !

Robert demeura un an au service du berger. Un an à courir. Un an à tirer la langue. Un an à surveiller ces stupides brebis, à entendre leurs bêlements lamentables, à contrecarrer sans cesse leur humeur fantasque et moutonnière.

Néanmoins, pendant tout ce temps, il faut bien l'avouer, Robert fut un excellent gardien de troupeau. Toujours en alerte. Dur à la tâche. Soumis à la voix de son maître. Féroce quand il s'agissait de repousser les loups ou de sauter à la gorge des maraudeurs.

Bref, Robert s'était déjà presque habitué à cette vie pastorale sans histoire, quand trois chevaliers vinrent à passer sur la route au pied de la bergerie. Robert les salua d'un joyeux aboiement.

Les trois hommes d'armes portaient, sur leur tunique blanche, la croix rouge des Croisés. Le berger leur offrit un bol de lait chaud et un peu de fromage.

—Belle bête que vous avez là, dit un des soldats du Christ, en grattant Robert juste derrière l'oreille. Là où il adorait ça.

—Où allez-vous ainsi ? leur demanda le vieux, bien qu'il sût d'avance la réponse.

—Nous allons à Jérusalem, défendre la ville qui est assiégée par les Sarrasins.

Une fois restaurés, les trois chevaliers remontèrent en selle et se remirent en route.

En tortillant de la queue, Robert les suivit sur une certaine distance avant de s'immobiliser. Telle une bête bien dressée qui connaît parfaitement les limites de sa liberté, il émit alors un cri plaintif et, la queue basse, fit demi-tour.

Le vieux berger lui tapota les flancs.

—Brave chien à son mai-maître !

Robert répondit par un gémissement résigné.

—Tu aimerais aller avec eux, hein ? sourit le berger.

Robert jappa et se dressa sur ses pattes postérieures pour lécher le visage de son maître à grand renfort de coups de langue râpeuse. Ce qui, en langage canin, signifiait : « Ouais, j'en meurs d'envie ! »

Le vieux le flatta de nouveau en souriant.

—Va ! Suis ton destin !

Robert partit aussitôt comme une flèche. Juste avant de disparaître au tournant de la route, il s'arrêta et lança deux ou trois aboiements sonores suivis de quelques vocalises lugubres de la gorge. Sa manière à lui de dire : « Adieu, le vieux ! Je vais m'ennuyer de toi ! Mais ne t'inquiète pas, je serai un bon chien ! »

III

Le chevalier blanc

C'EST AINSI QUE ROBERT QUITTA LA NORMANDIE À DESTINATION DE LA TERRE SAINTE : HUIT CENTS LIEUES À QUATRE PATTES. Trois mois à suivre les chevaliers, à les attendre à la porte de toutes les tavernes où ils se saoulaient. Trois mois à suivre le gros cul de leurs chevaux, à les entendre brailler des chansons à boire. Trois mois à les écouter ronfler la nuit, à veiller à ce qu'on ne leur vole pas leurs épées, leurs boucliers et leurs heaumes pleins de vomi.

Jamais, pourtant, Robert n'émit le moindre grognement de reproche. Il n'était qu'un chien et, comme tel, il savait qu'il n'avait qu'à faire son métier de chien sans broncher. Fidèle jusqu'à la mort.

Dieu d'ailleurs se chargea assez vite de la question de ces chevaliers si peu chevaleresques, puisque les trois moururent avant le terme du voyage. Le premier tomba dans une crevasse au passage des Alpes. Il doit y être encore. Le second, incapable d'ôter son casque au cours d'un violent orage se noya dedans. Quant au dernier, il périt de soif à la suite d'une crevaison de cheval en plein désert.

Robert continua donc tout seul.

C'était facile : il n'avait qu'à suivre les vols de corbeaux ainsi que les squelettes de chevaliers et de pèlerins qui jonchaient le chemin.

Enfin, par un bel après-midi d'été, Robert, maigre, pelé et les pattes en sang, arriva sous les murs de Jérusalem.

Évidemment, personne ne le remarqua. Il faut dire que, ce jour-là, près de cent mille Sarrasins donnaient l'assaut à la ville. Tout autour de lui, des montures culbutaient, des grappes d'hommes tombaient du haut des échelles, des têtes coupées roulaient, des corps ébouillantés fumaient, des épées cliquetaient, des olifants sonnaient et des trompettes trompettaient.

Robert ne comprenait pas trop ce qui se passait. À deux ou trois reprises, il tenta bien de remettre un peu d'ordre dans tout ce troupeau humain. Ses aboiements se perdirent dans la mêlée. Sagement, il se dit alors qu'il valait mieux attendre la fin de la tempête. Ce qu'il fit en se couchant sous une rondache* qui traînait là, entre un demi-cheval et des débris d'armures contenant différents fragments de Chrétiens et de Sarrasins.

Au bout de quelques heures, effectivement, tous ces enragés cessèrent de s'égosiller. Les flèches arrêtèrent de pleuvoir. Les blessés achevèrent de mourir et chacun s'en retourna dans son camp en chantant victoire.

Robert en profita pour se glisser au milieu d'une petite troupe d'éclopés qui rentraient dans la ville en claudiquant.

C'était donc ça Jérusalem la sainte, le centre du monde !

Ce n'était pas exactement de cette manière qu'il avait imaginé la glorieuse

* Bouclier rond.

cité de David. Tout était en ruine et ça cocotait* le cadavre bien mûr à plein museau.

Des deux côtés des rues, aux murs chauffés à blanc par le soleil, des femmes et des enfants décharnés le regardaient passer en ouvrant de grands yeux où, l'espace d'une seconde, s'allumait une étincelle de vie.

— Viens, mon beau chien ! lui criait-on, n'aie pas peur !

Sans méfiance, Robert accepta à plusieurs reprises de se faire caresser, mais dès qu'il se laissait approcher les gens ne le lâchaient plus. On s'agrippait à lui. On lui encerclait le cou et il devait se débattre pour n'être pas étouffé sur place.

Il lui fallut un certain temps pour saisir le sens très particulier de ces débordements d'affection. Lorsqu'un bambin blond comme un chérubin lui sauta dessus en s'écriant : « Maman, apporte le gourdin, je le tiens », il commença à avoir la puce à l'oreille. Puis, quand il vit la maman de l'angelot

* Puait.

arriver, armée d'un énorme bâton et d'un couteau de cuisine, la lumière se fit. Ces gens crevaient de faim. Ils ne voulaient pas lui faire des mamours ; ils voulaient l'estourbir et le MANGER.

La suite ne fit d'ailleurs que transformer en certitude ce qui, jusque-là, n'était qu'intuition canine. En effet, ce fut bientôt une armée hurlante qui se mit à ses trousses, brandissant couperets et maillets de boucher.

—Arrêtez-le ! Il est à moi !

—Je l'ai vu le premier !

—Fini de bouffer du rat !

Il va sans dire que, dans ces conditions, Robert n'eut guère le loisir de s'attarder dans sa visite touristique des lieux saints. C'est ventre à terre qu'il gravit le mont des Oliviers et passa devant le Saint-Sépulcre.

Et il courut, courut, courut si longtemps qu'il dut bien faire vingt fois le tour des ruelles de la vieille ville avant de se retrouver, au pied de la citadelle, pantelant, résigné à finir sa chienne de vie en gigot ou en ragoût de boulettes.

La horde affamée l'entourait déjà quand, soudain, on entendit les lourdes herses de la forteresse se lever. Une mince silhouette blanche apparut.

Un murmure parcourut la foule cynophage*.

—C'est la princesse Rosemonde, la fille du roi Thibaut !

Tout le monde, dans Jérusalem, respectait la princesse, ange de vertu, de bonté et de douceur, modèle de sagesse d'autant plus parfait qu'elle était muette depuis l'âge de cinq ans.

Rosemonde, d'un geste, fit reculer les gueux affamés, les foudroyant d'un regard qui signifiait (traduction libre) : « Vous n'avez pas honte de vous en prendre à cette pauvre bête alors que l'ennemi est à nos portes ! »

Robert, reconnaissant, leva ses pauvres yeux de chien battu vers la princesse.

Elle lui sourit.

Aussitôt, il en devint amoureux fou. Fou à lui lécher les doigts. Fou à baver de bonheur et à frétiller de la queue pour elle jusqu'à la fin des temps.

* Qui mange du chien.

De ce jour, Robert ne quitta plus la princesse. Il la suivait partout et, bien vite, l'entourage du roi s'habitua à sa présence. Sauf le sénéchal Enguerrand de La Trémouille, un teigneux, un patte-pelue*, doublé d'un porc qui lorgnait la main de la princesse... ainsi que bien d'autres parties de son anatomie.

Enguerrand détestait Robert. Chaque fois qu'il l'apercevait, il ne manquait pas de lui décocher sournoisement un coup de pied ou de lui lancer à la tête tout ce qui lui tombait sous la main : gobelet d'étain, échiquier, chandelier, volumes *in quarto* de la bibliothèque.

—Tasse-toi de là, chien galeux, sac à puces !

Pourquoi tant de haine pour un simple chien ? La raison était fort simple. Enguerrand était non seulement une limace baveuse amoureuse d'une fleur, il était aussi un traître qui, la nuit venue, sortait de Jérusalem et rejoignait le camp des Sarrasins où, tout en se goinfrant de couscous arrosé de thé au jasmin, il livrait, à l'émir Mustapha, les

* Hypocrite.

plans de défense de la ville. Or, qui était au courant de la félonie de l'infâme sénéchal ?

Robert.

Robert qui l'avait surpris, un matin, et avait failli le démasquer en réveillant les gardes par ses abois intempestifs.

Ainsi trahie, la bonne ville de Jérusalem ne tarda pas à se retrouver dans une situation désespérée. Tours effondrées, remparts ébranlés par les pierres des catapultes, défenseurs à bout de force. Plus rien à manger. Pas même une vieille paire de bottes à mâchonner pour calmer sa faim.

Robert, quant à lui, ne vivait plus au palais, car l'ignoble Enguerrand avait fini par obtenir qu'on lui assignât un logis plus digne de son rang : une niche pourrie dans laquelle il pouvait à peine se coucher en boule.

Mais Robert ne se plaignait pas car, chaque soir, avant de se retirer dans sa chambre, la princesse venait lui changer son bol d'eau et lui apporter quelques restes de table.

Robert menait donc une belle vie de chien. Nourri, logé, couché de longues heures la tête posée sur ses pattes de devant, il en venait presque à oublier qu'il avait été un homme et qu'il était sensé regretter cet état antérieur jusqu'à complète expiation de ses fautes.

Le ciel vint à propos lui rappeler qu'il était hors de question qu'il se contentât de ce farniente* animal.

Une nuit, une voix le réveilla. Celle-ci ressemblait à s'y méprendre à la voix du berger, son ancien maître. Une voix à la fois impérieuse et paternelle :

—Réveille-toi, dit-elle, toi seul peux sauver cette ville !

Les oreilles dressées, Robert poussa trois wouafs de protestation pour dire : « Vous rigolez. Comment voulez-vous qu'un chien fasse une job pareille ! » (traduction très libre).

Prise de court, la voix céleste se racla la gorge. Elle sembla réfléchir un moment.

—Tu as raison. Je modifierai en conséquence le sort qui te frappe. Chaque jour, au lever du soleil, tu redeviendras un être humain, tu revêtiras l'armure

* État de paresse, de douce oisiveté.

blanche que je laisserai à la porte de ta niche et tu iras combattre. Au crépuscule, tu redeviendras chien.

Robert poussa un autre wouaf interrogatif. Il tourna vers la nue ses bons gros yeux, l'air de demander une faveur en retour.

La voix fâchée le rabroua :

—... Non ! Pas la princesse !

Lorsque Robert s'éveilla, le lendemain matin, il crut d'abord avoir fait un mauvais rêve. Il essaya de se gratter l'oreille droite avec sa patte arrière. Il n'y parvint pas, coincé qu'il était dans sa niche devenue soudainement trop petite. Il s'en extirpa avec difficulté et s'étira, le dos rond...

C'est alors qu'il s'aperçut qu'il n'avait plus de poil aux pattes ni de queue en bas du dos.

Il était redevenu un homme ! Un homme tout nu et ridicule comme peut l'être un homme surpris les fesses à l'air. Confus, il chercha autour de lui quelque chose pour cacher tout ça. La voix n'avait pas menti. À côté de sa niche, il y avait bien tout le bataclan réglementaire du parfait chevalier à la blanche armure :

casque à plumes, haubert étincelant, écu, lance, épée. L'ensemble d'une blancheur immaculée. Tout comme le cheval fourni en supplément : un superbe destrier entièrement harnaché et très étonné de se trouver là.

Robert, sans perdre un instant, s'équipa de pied en cap, sauta en selle, fit deux ou trois fois le tour de la cour du château, histoire de mettre son cheval à sa main. Puis, lance levée, il partit au galop, sans même se rendre compte que, du haut de la plus haute tour, quelqu'un n'avait pas cessé de l'observer, le rouge aux joues et les yeux ronds d'étonnement : la princesse Rosemonde !

Lorsque Robert sortit de la ville pour se joindre aux troupes du roi Thibaut, il vit immédiatement que ça chauffait du côté Croisés. Au moins du cinq cents morts à zéro.

L'irruption du mystérieux chevalier blanc passa donc plus ou moins inaperçue dans les rangs des Chrétiens en déroute, lesquels se débarrassaient de leurs épées et de leurs boucliers pour courir plus vite se mettre à l'abri des murailles de la ville.

—Revenez, bande de culverts*! Wouaf ! Wouaf ! Wouaf ! leur cria Robert qui avait quelques difficultés à retrouver une parfaite maîtrise du langage humain.

Comme les fuyards ne lui répondaient que par des jurons pas gentils, des bras d'honneur et autres gestes encore plus grossiers que la décence nous interdit de décrire ici, Robert décida de charger seul contre toute l'armée des Infidèles.

Ce fut un spectacle inouï.

En cinq minutes,

il embrocha des centaines et des centaines de Sarrasins.

Il les aplatit comme des crêpes,
les découpa en rondelles,
les hâcha menu,
leur rasa la barbe,
leur tailla les oreilles,
leur pocha les yeux,
leur moucha le nez,
leur enfonça les trente-deux dents,
leur rabota le menton,
leur décrocha la mâchoire,

* Lâches.

leur décalota le crâne,
leur dévissa le cou,
les scalpa,
les échina,
les broya,
les écrabouilla,
les zigouilla.

Bref, ce fut un tel massacre que le score passa d'un seul coup à cinq mille trois cent vingt-sept Infidèles et trois-quarts sur le carreau. Décompte approximatif, étant donné qu'à la fin du match il fut difficile de retrouver tous les morceaux appartenant à chacun.

IV

Enguerrand,
le félon

PENDANT UNE SEMAINE, ROBERT LIVRA AINSI BATAILLE. Chevalier de lumière le jour, pauvre chien léchant ses blessures au fond de sa niche, dès la nuit tombée.

Pendant une semaine également, la princesse, du haut de sa tour, ne manqua pas une seule fois le départ triomphant du chien métamorphosé en chevalier ni le retour du chevalier couvert de sang retransformé aussitôt en pauvre bête blessée.

« Quel était donc ce prodige ? Pourquoi un sort si cruel ? » se demandait la belle princesse qui, partagée entre l'admiration et la pitié, ne savait lequel des deux elle aimait le plus : l'homme ou l'animal ?

Bien entendu, toute la ville de Jérusalem fut bientôt au courant des exploits du chevalier blanc. Les Jérusalemois* commencèrent donc à prendre l'habitude de venir assister au spectacle quotidien. D'habiles marchands vendirent même des sièges et des programmes. Chaque jour, la foule devint plus nombreuse. Le roi et les nobles de sa cour étaient là, eux aussi, commentant chaque assaut en fins connaisseurs :

—Vous avez vu, il a fendu en deux le cavalier et le cheval d'un seul coup d'épée... Pas mal ! Hein ?

—Oh ! Oh ! Oh ! Attendez, il vient d'en embrocher un... deux... trois... quatre... cinq... six... c'est un record !

Les rumeurs les plus folles couraient. On prenait des paris sur la véritable identité du héros.

—C'est le fantôme de sire Godefroi de Bouillon**!

—C'est l'archange saint Michel !

Le roi Thibaut était ravi. Au soir du septième jour, après avoir vidé une coupe de vin à la santé du mystérieux chevalier, il proclama :

* Jérusalemois ?... Jésalémiens ?... mais ?... mards ?

** Chef de la première croisade qui « délivra » Jérusalem en 1099.

—Peu importe qui est cet homme, j'en ferai mon gendre. Qu'il me demande la main de ma fille et elle est à lui.

Ce discours courrouça au plus haut point le sénéchal Enguerrand, lequel jura *illico* la perte du chevalier blanc.

Toujours est-il qu'au bout de sept jours de carnage il ne resta plus grand chose à massacrer si bien que les spectateurs se firent plus rares.

Robert se retrouva alors la lance basse, l'épée fatiguée, au milieu du champ de bataille désert.

Il était temps d'en finir, car les piles de cadavres autour de lui étaient si élevées que les équipes de nettoyage n'avaient plus le temps de faire le ménage.

C'est à ce moment que parut l'émir Mustapha, un géant au visage noir comme un démon sorti des marmites de l'enfer, monté sur un étalon noir et revêtu d'une armure tout aussi noire. Robert n'hésita pas. Éperonnant son cheval, la pédale au plancher, il fonça droit sur son adversaire. Mustapha fit de même. Le choc fut terrible, trois tonnes de viande et de ferraille se télescopant à quarante kilomètres à l'heure*. Les lances volèrent en éclats. Les chevaux roulèrent sur le dos en hennissant.

Étourdi, Robert se releva le premier et tira son épée. Un long éclat de bois était planté dans sa cuisse. Il saignait abondamment. Mustapha, lui, ne se releva pas. Transpercé par la lance de Robert, il gisait, épinglé au sol comme un énorme papillon de nuit, une aiguille de six pieds de long piquée dans le thorax.

Le soleil allait se coucher. Robert souffrait atrocement. Il marcha en boitant vers la Porte Dorée jusqu'à un champ d'oliviers où il s'effondra.

Une heure plus tard, la nouvelle se répandit dans Jérusalem.

—Victoire ! Montjoie ! Le chevalier blanc a tué l'émir ! Les Sarrasins ont plié leurs tentes et chargé leurs chameaux. Le siège est levé.

À cette nouvelle, le roi fit ouvrir toutes les portes de la cité et sortit en personne pour accueillir le héros.

Il n'était pas là.

---

* Excusez l'anachronisme, je me suis laissé emporter par l'action.

On fouilla les alentours à la lueur des flambeaux.

En vain. Le chevalier était introuvable. Le corps de l'émir également.

—Aucune trace de lui, dit le sénéchal Enguerrand avec un sourire suspect.

—Voyons, il doit bien être quelque part ! s'étonna le roi.

La plus inquiète, bien sûr, était la princesse Rosemonde. Voyant que la niche de Robert restait désespérément vide, elle accourut à son tour et, par signes, interrogea le sénéchal. Celui-ci haussa les épaules.

—Pas un chat, princesse. À part un chien blessé, là-bas !

Oyant ces mots, Rosemonde se précipita aussitôt dans la direction désignée.

Tard dans la nuit, elle revint, portant dans ses bras un chien si ensanglanté que, sur le coup, nul ne le reconnut.

Le roi sermonna Rosemonde.

—Ma fille, d'où venez-vous ? Pensez-vous que c'est le moment de vous intéresser aux chiens perdus ? En plus, il salit mes tapis, votre animal !

Les larmes aux yeux, la princesse voulut expliquer la situation à son père :

que ce chien, en fait, n'était pas un chien, mais un noble chevalier, victime d'un mauvais sort, etc.

Elle eut beau multiplier les efforts pour que son père devine ce qu'elle voulait dire, articuler silencieusement chaque syllabe et inviter son royal interlocuteur à suivre avec attention le mouvement de ses lèvres, le roi Thibault n'y comprenait que couic.

Il faut dire que le roi n'était ni une cent bougies* ni un modèle de patience. Bientôt, las d'essayer de déchiffrer les mimiques de sa fille, il se mit à bougonner :

—Quoi ? Que dites-vous ? « Ce-chat-n'est-pas-un-rat... c'est-un noble-chapelier-victime-d'un-navet-mort...**» Enfin, ma fille... que signifie ce charabia ? Vous êtes rendue foldingue. Allons, il est temps d'aller nous coucher. Demain, nous y verrons plus clair. Sénéchal, reconduisez la princesse à ses appartements ! Enguerrand ? Comment ça,

* Équivalent de nos cent watts.

** Traduction pour les moins de 100 watts : Ce chien n'est pas un chien, c'est un noble chevalier victime d'un mauvais sort.

Enguerrand n'est pas ici ? Lui, décidément, quand on a besoin de lui, il n'est jamais là...

Rosemonde poussa un grand soupir de découragement et se retira en emportant Robert dans sa chambre. Celui-ci était fort mal en point. Elle lava ses plaies et essaya d'extraire l'éclat de lance qui était fiché dans une de ses pattes. Hélas ! le fragment de métal était trop enfoncé dans les chairs.

Toute la nuit, elle veilla la pauvre bête. Elle ne s'endormit qu'au petit jour.

Des cris et des tintements de cloches la réveillèrent en sursaut. Immédiatement, elle remarqua que le chien avait disparu.

À nouveau, venant de la rue, des clameurs grandissantes attirèrent son attention.

Battant des mains et rayonnant de joie, une servante entra, porteuse de la grande nouvelle : le chevalier blanc était à la porte de Jaffa, sonnant du cor à pleins poumons pour qu'on lui ouvre.

Abasourdie, Rosemonde porta la main à sa bouche et se précipita à la fenêtre.

C'était bien vrai. La rue menant au château était jonchée de fleurs. Une foule immense s'y bousculait sur le passage d'un cavalier dont l'armure brillait de mille feux. Rosemonde examina l'homme.

Imperturbable, droit sur ses étriers, un tronçon de lance brisée au poing, celui-ci continuait sa chevauchée en distribuant des baisers aux filles qui s'accrochaient à lui et en caressant de la main le front des bébés que les mères lui tendaient.

« Ce n'est pas possible, songea la princesse, par quel miracle a-t-il pu se remettre si vite de sa blessure ? »

Elle se pencha de nouveau à sa croisée. Pourtant : c'était bien lui !

Le chevalier blanc entra en caracolant dans la cour du palais remplie d'hommes d'armes, de nobles seigneurs, de damoiseaux et de jeunes baiselettes*, tous plus excités les uns que les autres. Les gardes forcèrent la foule à s'écarter pour laisser passer le roi qui s'avança encore coiffé de son bonnet de nuit.

---

* Jeunes filles... et rien d'autre !

—Dieu soit loué, chevalier, vous êtes vivant ! s'écria le roi. Laissez-moi vous serrer dans mes bras ! Tout ce que j'ai est à vous. Ma couronne, mes terres, ma fille. Mais, à la fin, nous direz-vous qui vous êtes ? Allons, voyons, ôtez votre casque que je vous embrasse !

Le chevalier fit mine d'hésiter, puis souleva lentement son heaume argenté.

Un cri de stupéfaction jaillit de toutes les lèvres.

C'était le sénéchal Enguerrand de La Trémouille.

Même le roi Thibaut n'en revenait pas.

—Enguerrand ! Ben là, vraiment, vous m'épatâtes*!

La moins surprise ne fut certainement pas la princesse. C'est bien simple, si elle n'avait pas été muette, elle le fût devenue.

C'était impossible. Certes l'immonde sénéchal portait bien la même armure que le chevalier blanc. Sa cuisse était bien tachée de sang... Mais elle connaissait trop bien le personnage. Il ne pou-

* C'est le passé simple de épater, je n'y peux rien !

vait y avoir que ruse et fourberie dans cette affaire. Elle n'avait pas rêvé. Chaque matin, elle avait bien vu, de ses yeux vu, ce chien qui se transformait en beau jeune homme pour, le soir venu, reprendre sa dépouille de chien.

Il fallait qu'elle en ait le cœur net.

Or donc, la nuit suivante, pendant qu'on festoyait au palais en l'honneur du « héros », elle alla fouiller la chambre d'Enguerrand, le fourbe, et découvrit la vérité flambant nue, sous la forme de plusieurs mémoires non payés :

Pour la confection d'une armure toute blanche: 100 ducas dus à messire Bras-de-fer, forgeron.

Pour faire repeindre en blanc une jument baie, versés à maître Gros-Jean, maquignon: 10 écus.

Pour l'achat d'une pinte de jus de betterave: 10 sols.

Rosemonde devina le reste. Le félon était retourné sur le champ de bataille pendant la nuit, bien décidé à dépouiller et à faire disparaître le véritable preux chevalier. Comme celui-ci avait disparu, il s'était emparé de la lance de Mustapha abandonnée sur place et s'était fait passer pour le sauveur de la ville.

Les documents accusateurs à la main, Rosemonde descendit en courant les escaliers, bien décidée à démasquer le traître. Toujours en courant, elle passa devant la niche de Robert. Un gémissement si pitoyable s'en échappa qu'elle ne put faire autrement que de s'arrêter et de regarder à l'intérieur.

Le chien qu'elle avait soigné avec tant de soin s'y trouvait. Elle le caressa doucement. Il réagit à peine. Elle examina sa plaie. Malgré ses soins, celle-ci s'était infectée. De toute évidence, la pauvre bête allait mourir avant que le jour ne se lève.

Rosemonde se mit à pleurer à chaudes larmes. Elle pleura même tant et tant que les factures incriminant le vil sénéchal furent toutes mouillées au point où l'encre en fut délavée et l'écriture en devint illisible.

Mal lui en prit car, lorsqu'elle fit irruption dans la salle de banquet pour accuser le sinistre Enguerrand, son père l'écouta avec un agacement non dissimulé, se tournant sans arrêt vers les convives assis à sa droite et à sa gauche :

—Que dit-elle encore ? Il y a quelqu'un qui comprend ce qu'elle dit ?

Une fois encore, Rosemonde mima du mieux qu'elle put l'essentiel de ses révélations.

Une vieille, qui avait servi de nourrice à Rosemonde, expliqua au souverain qu'il s'agissait d'accusations portées contre Enguerrand.

Le roi prit une mine encore plus contrariée :

—Savez-vous bien, ma fille, que je viens d'accorder votre main à notre vaillant sénéchal ? Avez-vous des preuves de ce que vous avancez ?

Elle tendit les factures.

Le roi Thibaut explosa de colère :

—Quoi ? Ces parchemins tout chiffonnés et tout tachés ? Vous vous moquez de moi !

Rosemonde, au désespoir, tenta à nouveau de lui expliquer par gestes ce qu'elle avait découvert : Enguerrand était un imposteur.

Mais le roi ne faisait aucun effort pour saisir le message :

—À quoi riment ces simagrées. Qu'essayez-vous encore de me dire : « L'emmerdant est un empesteur ?... Le manant est un nain facteur ?... C'est en guerroyant qu'on fait des malheurs*? » Je n'y comprends goutte. Allez donc préparer votre robe de mariage. Ce midi même, que vous le vouliez ou non, vous aurez l'anneau au doigt.

Pleurant de rage, la princesse n'eut d'autre choix que de se retirer dans sa tour où, aussitôt, une nuée de servantes s'affairèrent autour d'elle pour la baigner, la peigner, la parfumer et lui enfiler son bliaut** de soie, en vue de ses noces toutes proches.

Pendant ce temps, me demanderez-vous, que devenait le malheureux Robert ? Eh bien, même s'il faisait presque jour, Robert était toujours chien et il crevait lentement comme crève un chien, c'est-à-dire solitaire, sans bruit avec l'admirable résignation dont sont seules capables les bêtes les plus humbles.

---

* Toujours pour les pas brillants, Rosemonde veut dire : Enguerrand est un imposteur.

** Robe des femmes du Moyen Âge.

En fait, une pensée unique tourmentait Robert en cet instant suprême : « Ai-je bien fait mon travail ? Quand il apprendra ce que j'ai accompli, le berger, mon maître, sera-t-il content de moi ? Et ma mère, me pardonnera-t-elle aussi ma vie de chien quand j'étais homme, en apprenant quel homme j'ai essayé d'être quand je suis devenu chien ? »

V

Ils se marièrent et n'eurent qu'un seul enfant

AUX PREMIERS RAYONS DU SOLEIL, ROBERT N'ÉTAIT TOUJOURS PAS MORT... Surpris, il leva le museau vers le ciel. Tout à coup, une voix se fit entendre. Une bonne grosse voix, de nouveau en tout point semblable à celle du berger, mais avec des intonations plus douces et plus réconfortantes :

—Robert, m'entends-tu ?

Robert voulut remuer la queue, mais il n'avait plus de queue.

—Robert, reprit la voix, j'ai décidé que tu avais assez souffert. Homme tu étais, homme tu redeviendras pour toujours. Je pense même que tu as droit à une petite récompense. Que désires-tu ?

Robert qui, à chacune de ses métamorphoses, avait toujours quelque difficulté à se réajuster, question langage, aboya un nom :

—Wouf ! la princesse Rosewouf !

Visiblement embarrassée, la voix toussota avant de proposer sur un ton invitant :

—Tu n'aurais pas envie d'une autre faveur ? Un beau château... Un cheval neuf... Une paire de billets pour une entrée gratuite au Paradis...

Robert s'entêta :

—Sacrewouf ! j'aime la princesse et je ne veux rien d'autre au monde.

La voix bougonna :

—Bon... bon... Ça complique un peu les choses, mais je vais voir ce que je peux faire. En attendant, je t'ai rapporté ton armure blanche. Habille-toi et ne bouge pas d'ici.

Si le Bon Dieu était embêté, car tout le monde a deviné, je le suppose, que la voix, c'était lui, si donc le bon Dieu était dans le pétrin, c'est qu'il savait ce qu'elle était en train de faire, la princesse. La princesse, couronnée de fleurs, agenouillée devant l'autel au côté du sénéchal, écoutait l'évêque de Jérusalem lui demander :

—Rosemonde de Noblecœur, acceptez-vous, Enguerrand de La Trémouille, comte de Casteljaloux, seigneur de Foidevault, ici présent, comme votre légitime époux ? Un simple signe de tête suffira.

La princesse restait de glace.

L'évêque répéta sa question.

La princesse parut agitée d'un trouble étrange.

L'évêque réitéra sa demande.

Cette fois, la princesse battit des cils, comme en proie à une vive émotion.

—Elle a fait signe que oui ! triompha Enguerrand.

—Vous croyez ? dit l'évêque.

La princesse ouvrit alors grand la bouche et, à la stupéfaction de tous, émit un « NON» sonore dont le souffle fit vaciller la mitre du prélat.

En une seconde, la nouvelle fit trois fois le tour des bancs de l'église, avant de revenir à l'oreille du roi qui somnolait sur son trône.

—Quoi ? Quoi ? Que dites-vous ? Ma fille parle ! Voyons, c'est impossible. Et elle a dit quoi ? Elle a dit « NON» ? Mais, c'est insensé !

Quelle belle pagaille ce fut : Enguerrand qui protesta en secouant l'évêque pour qu'il achève la cérémonie. Les trompettes qui sonnèrent croyant que c'était le temps. La presque mariée qui arracha son voile et engueula son père en lui expliquant que le sénéchal n'était qu'un imposteur et que le véritable chevalier blanc était en fait un chien ou plutôt un homme changé en chien. Atterré, la couronne de travers, le roi qui se grattait la tête avec son sceptre en répétant sans arrêt :

—Elle est folle ! Ma fille n'est plus muette, mais elle est complètement zinzin !

Bref, le bordel !

Par bonheur, la princesse n'était pas de celles qui renoncent facilement. Maintenant qu'elle avait une langue, elle entendait bien s'en servir. Elle pointa donc un index accusateur vers Enguerrand.

—Cet homme est un pleutre, un rat de culs-de-basse-fosse. Il n'est pas le chevalier blanc. Je peux le prouver.

Enguerrand se croisa les bras en prenant un air outragé :

—Elle ment.

À son tour, Rosemonde, les mains sur les hanches, adopta une attitude de défi :

—Messire le sénéchal, avez-vous encore la lance avec laquelle l'émir Mustapha vous blessa avant que vous l'occîtes à votre tour ?

—Bien sûr ! se rengorgea le félon.

—Ainsi, vous n'aurez pas d'objection à nous la montrer.

Enguerrand, sans se méfier, envoya chercher l'arme brisée pour la faire admirer autour de lui. Quelques chevaliers l'applaudirent. Il les salua de la main.

Cela ne démonta pas Rosemonde.

—Et où se trouve la pointe de cette lance ?

—Ici, dans ma cuisse ! répondit Enguerrand en désignant, d'un geste théâtral, le haut de ses chausses auréolé d'une large tache rouge.

—Naturellement, vous ne verrez pas d'inconvénients à ce que je touche cette glorieuse blessure... demanda la princesse.

Sans laisser au sénéchal le temps d'esquisser le moindre geste, Rosemonde passa l'index sur le haut de la jambe du traître, examina son doigt rougi, le sentit puis le suça, avant de déclarer avec une fausse candeur.

—Je ne savais pas que le sang goûtait le jus de betterave.

—Comment est-ce possible ? s'exclama le roi.

—Vous ne me croyez pas ? Goûtez vous-même.

Le roi goûta et confirma.

—C'est pourtant vrai. Ça goûte la betterave ! Enguerrand, que veut dire ceci ? Montrez-nous donc cette fameuse blessure !

—Mais, sire, nous sommes dans une église. En outre... il y a des dames !

Le roi Thibault ordonna :

—Gardes ! Baissez-lui ses culottes !

Et là, devant toute la cour, l'ignominie d'Enguerrand s'étala sous la forme d'une paire de fesses roses et d'une paire de cuisses poilues qui, selon toute évidence, ne portaient la trace d'aucune plaie sanglante.

Confondu, Enguerrand maugréa tout en se reculottant :

—Puisqu'on met ainsi en doute ma parole de chevalier, je préfère quitter la place...

Mais, la manœuvre échoua. Sur un geste du roi, les deux gardes saisirent le traître, le soulevèrent de terre et le maintinrent ainsi comme un asticot qui s'agite au bout de son hameçon.

—Jetez-moi ce coquin aux oubliettes ! laissa tomber le roi.

Puis, visiblement dépassé par les événements, il soupira, tout en invitant sa fille à lui expliquer le fin mot de toute cette histoire.

—Eh bien, mademoiselle ma fille, vous qui êtes si intelligente, allez-vous nous dire qui est le vrai chevalier blanc ? Cette histoire commence à être un peu longuette !

Cette fois, la princesse crut bon d'économiser sa salive en invitant son père et toute la noce à la suivre.

Le roi acquiesça, tout en prévenant l'évêque :

—Vous, restez-là. On peut encore avoir besoin de vous !

Le roi et sa suite se retrouvèrent donc dans la cour du château. Thibault, voyant qu'il n'y avait personne, soupira, découragé :

—Alors, il est où ?

—Là, dit la princesse, en lui montrant la niche de Robert.

Le roi vira au zinzolin ou si vous préférez au violacé tirant vers le rouge écarlate.

—Ça y est, elle délire de nouveau.

C'est alors qu'un arbalétrier de l'escorte royale lui fit remarquer, en pointant son arme :

—Sire, il y a quelqu'un là-dedans, prenez garde.

Ensuite les choses allèrent très vite.

Robert fut tiré de sa niche où il dormait d'un sommeil de plomb. Il apparut étincelant dans son armure de soleil sans pour autant sortir de sa léthargie. La princesse en profita pour faire constater que la cuisse du dormeur était profondément entaillée. Elle fouilla ensuite la paille de la niche et en retira une pointe de fer de lance qui portait des traces de sang.

Le roi y goûta et confirma.

—C'est bien du sang.

—Apportez la lance brisée ! lança Rosemonde.

On la lui apporta. Elle pria son père de vérifier si l'éclat de métal s'ajustait bien à l'extrémité de la hampe.

Le roi opina.

La foule exulta :

—Vive le chevalier blanc !

Le roi, lui, se frappa le front :

—Mais, quelle journée ! Qu'ai-je fait au Bon Dieu ? Après avoir failli donner ma fille à ce chien sale de sénéchal, voilà que je trouve mon futur gendre couché dans une niche ! Une folle et un fou ! Ah, ils vont être beaux mes petits-enfants ! Allez, réveillez-moi ça.

Le sergent* le plus proche expédia un coup de pied prudent dans le derrière de Robert. Un grognement mi-animal, mi-humain en sortit.

Robert ouvrit les yeux. Dès qu'il vit Rosemonde, il s'élança vers elle. Elle fit de même et il échangèrent un looonnnng baiser.

—Ils savent tout, haleta Rosemonde, en reprenant son souffle. Vous pouvez tout leur avouer.

* Homme de troupe à pied par opposition au chevalier.

—Et vous, vous parlez ? s'extasia Robert.

—Et vous, vous ne vous êtes pas encore retransformé en chien ? Pourtant, le soleil est déjà bas. D'habitude c'était l'heure où vous rentriez à la niche.

Conscient, lui aussi, qu'il était temps de dissiper tout malentendu, Robert, s'adressant à la cour, clama à voix forte :

—Écoutez nobles seigneurs ! Je suis Robert de Normandie, fils du duc Richard et de la reine Arlette. Je vais tout vous raconter, mais je vous préviens que ça risque d'être long...

Oyant cela, le roi, qui était très fatigué et avait hâte que l'histoire finisse, proposa de retourner dans la chapelle. Au moins, on y serait bien assis.

Quand tout le monde fut installé, le roi invita Robert à continuer. Robert reprit donc son récit :

—Il était une fois, un brave duc de Normandie du nom de Richard, grand défenseur de la veuve et de l'orphelin, et caetera, et caetera. Bref, il leur conta tout ce que vous savez déjà.

Trois heures plus tard, il contait encore même si tout le monde ronflait, y compris la princesse.

Ce fut l'évêque qui les réveilla, en laissant tomber la crosse sur laquelle il s'appuyait pour dormir debout.

—Quoi ? Que se passe-t-il ? sursauta le roi.

—Il y a, répondit l'évêque que je me demande ce que je fais ici.

Le roi bâilla :

—Eh bien ! Puisque vous êtes là, qu'on les marie et qu'on aille ensuite se coucher. Cette journée m'a tué.

—Waouoouou ! hurla de joie Robert.

✣

Un an plus tard, lorsque Robert et son épouse arrivèrent en Normandie, la princesse Rosemonde était enceinte.

Au grand bonheur de sa belle-maman, la reine Arlette, elle accoucha d'un garçon qu'on prénomma Guillaume.

Quelque temps plus tard, Robert fut couronné duc.

Conseillé par Rosemonde et Arlette, il gouverna avec tant de sagesse et de générosité que sa terre devint la plus riche de France et qu'on jugea bon d'ajouter à son nom un nouveau qualificatif.

C'est ainsi que Robert le Diable devint Robert le Magnifique.

Quant à son fils, Guillaume, il n'allait pas tarder, lui aussi, à devenir célèbre de façon un peu saugrenue. En effet, il se valut le titre de Guillaume le Conquérant. Tout ça pour avoir conquis une île dont personne ne voulait. Une île où il pleut tout le temps. Une île où l'on met de la sauce à la menthe sur tout ce qu'on mange : l'Angleterre !

Notice historique

Cette histoire est librement inspirée d'une légende médiévale connue, mais elle repose aussi sur quelques événements authentiques.

Robert le Diable a réellement existé. Descendant du chef viking Rollon et sixième duc de Normandie, il naquit en 1010 et mourut à Nicée, âgé à peine de vingt-cinq ans, au retour d'un pèlerinage en Terre sainte.

Il fut d'abord surnommé « le Diable » pour avoir empoisonné son frère aîné, écrasé durement les barons rebelles de son duché et vaincu tout aussi férocement son voisin, Alain, le duc de Bretagne. Craint de tous, on prétendait qu'il conversait avec les démons et qu'il chassait même régulièrement en compagnie de Satan.

Par contre, administrateur habile, il fit de sa province un état puissant et prospère qui allait plus tard dominer une partie de l'Europe. Sa réputation changea également à la suite de son voyage à Jérusalem où il fit preuve d'une grande générosité. En route, il éblouit notamment l'empereur de Constantinople en se présentant à lui vêtu de brocarts magnifiques et monté sur une mule ferrée d'or.

Robert, devenu « le Magnifique » ne se maria jamais. Cependant, il prit pour maîtresse une simple femme du peuple, une certaine Arlette, fille d'un peaussier (artisan qui prépare les peaux) de Falaise qui lui donna un fils illégitime : Guillaume, dit « le Bâtard », lequel deviendra le célèbre Guillaume le Conquérant.

Réputé pour ses excentricités, Robert de Normandie fut une figure très populaire au Moyen Age et il entra très vite dans le folklore. On peut encore visiter les ruines de son château dans la vallée de la Seine, au sud de Rouen.

D.M

GÉNÉALOGIE DES DUCS DE NORMANDIE DE ROLLON À RICHARD COEUR-DE-LION

ROLLON (911-933)

GUILLAUME LONGUE ÉPÉE (933-9

RICHARD Ier SANS PEUR (942-996

RICHARD II LE BON (996-1026)

RICHARD III (1002-1027)

ROBERT LE DIABLE (1010-10

GUILLAUME LE CONQUÉRANT (1035-1

ROBERT COURTEHEUSE(1087-1106)

HENRI IerBAUCLERC (1106-1

MATHILDE épouse GEOFF PLANTAGENÊT (1135-115

HENRI II PLANTAGENÊ (1148-1189)

RICHARD COEUR-DE-LION (1189-1199)

JEAN SANS-TERRE (1199-1216)

LA NORMANDIE

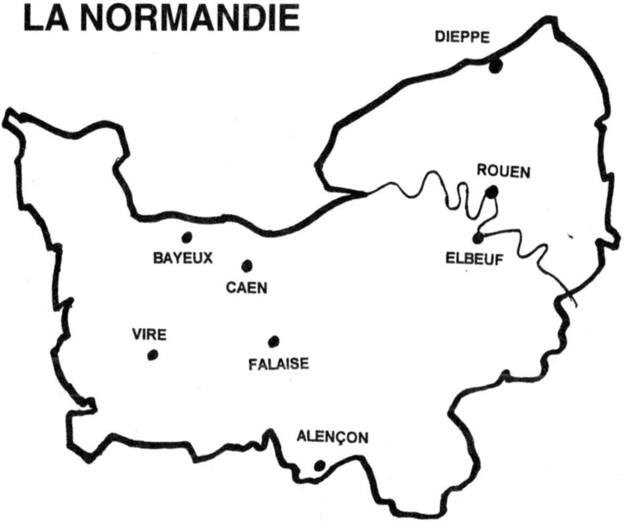

LA FRANCE

Achevé d'imprimer
sur les presses de AGMV-Marquis
en août 2002